낭독하는 명작동화

Level 1

The Magic
Cooking Pot

✦ 마법의 요리 냄비 ✦

새벽달(남수진) • 이현석 지음

Key Vocabulary

명작동화를 읽기 전에 스토리의 **핵심 단어**를 확인해 보세요. 내가 알고 있는 단어라면 체크 표시하고, 모르는 단어는 이야기를 읽은 후에 체크 표시해 보세요.

Story

Level 1의 영어 텍스트 수준은 책의 난이도를 측정하는 레벨 지수인 **AR(Accelerated Reader) 지수 0.9~1.5 사이**로 **미국 초등학생 1학년 수준**으로 맞추고, 분량을 **500단어 내외**로 구성했습니다.

쉬운 단어와 간결한 문장으로 구성된 스토리를 그림과 함께 읽어 보세요. 페이지마다 내용 이해를 돕는 그림이 있어 상상력을 풍부하게 해 주며, 이야기를 더욱 재미있게 읽을 수 있습니다.

Reading Training

이현석 선생님의 **강세와 청킹 가이드**에 맞춰 명작동화를 낭독해 보세요.

한국어 번역으로 내용을 확인하고 **우리말 낭독**을 하는 것도 좋습니다.

Storytelling

명작동화의 내용을 떠올릴 수 있는 **8개의 그림**이 준비되어 있습니다. 각 그림당 제시된 **3개의 단어**를 활용하여 이야기를 만들고 말해 보세요. 상상력과 창의력을 기르는 데 큰 도움이 될 것입니다.

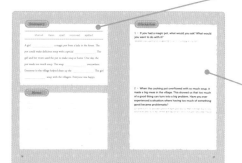

Summary

명작동화의 **줄거리 요약문**이 제시되어 있습니다. 빈칸에 들어갈 단어를 채워 보며 이야기의 내용을 다시 정리해 보세요.

Discussion

명작동화의 내용을 실생활에 응용하거나 비판적으로 생각해 볼 수 있는 **토론 질문**으로 구성했습니다. 영어 또는 우리말로 토론하며 책의 내용을 재구성해 보세요.

픽처 텔링 카드

특별부록으로 **16장의 이야기 그림 카드**가 맨 뒷장에 있어 한 장씩 뜯어서 활용이 가능합니다. 순서에 맞게 그림을 배열하고 이야기 말하기를 해 보세요.

QR코드 영상을 통해 새벽달님과 이현석 선생님이 이 책을 활용하는 가장 좋은 방법을 직접 설명해 드립니다!

Contents

The Magic Cooking Pot

마법의 요리 냄비

Key Vocabulary

- [ ] **wood** — (pl.) 숲
- [ ] **pot** — 냄비, 솥
- [ ] **nod** — (고개를) 끄덕이다
- [ ] **bubble** — 보글보글 끓다
- [ ] **spell** — 주문
- [ ] **spill** — 흘러넘치다, 쏟아지다
- [ ] **carry** — 가지고 가다
- [ ] **village** — 마을
- [ ] **bucket** — 양동이
- [ ] **shocked** — 당황한, 충격 받은
- [ ] **shout** — 소리치다
- [ ] **mess** — 엉망인 상태
- [ ] **careful** — 주의를 기울이는
- [ ] **joy** — 기쁨, 즐거움

There once was a girl.
She and her mom were poor.
They lived in the woods.
Their house was small.
But they were always happy.

One day, they were hungry.
They had no food.
The girl wanted some fruit.
She went to the forest.

There was a lady.
She had a pot.
The pot looked special.

"Hello, young girl," said the lady.

The girl smiled.

"Hello," she said.

"Here, take this. It is a gift for you," the lady said.

She gave the pot to the girl.

"It is a magic pot," she said.

"A magic pot?" the girl asked.

The lady nodded and smiled.

"Yes," said the lady. "Say, 'Cook, pot, cook.'

Then the pot will make food.

Say, 'Stop, pot, stop.'

Then the pot will stop."

"Cook, pot, cook," the girl said.

The pot started to bubble.

Soon, it was full of soup.

The girl was hungry.

She wanted to eat the soup.

"Now," the lady said. "Stop the pot."

"Stop, pot, stop," the girl said.

"Good. Go home now," the lady said.

"Thank you," the girl said.
"Remember the spell," the lady said.
The girl took the pot home.

The girl quickly ran home.
She showed the pot to her mom.
"Look, Mom! It is a magic pot!" said the girl.
Her mom was surprised.

"I will show you," the girl said.
She put the pot down.
"Cook, pot, cook," the girl said.
The pot bubbled.
There was some soup.

The soup was very delicious.

The girl and her mom ate happily.

They used the magic pot every day.

It always made enough food for them.

They were no longer hungry.

The girl remembered the spell.
She shared the food with others.
Everyone in the village ate the soup.
The magic pot helped everyone.
The pot made the girl happy.
It made her mom happy, too.

One day, the girl went out.
Her mom was home.
She was alone with the pot.
She was hungry.
She said, "Cook, pot, cook."
The pot bubbled.
It made soup.
It made a lot of soup.

The mom ate the soup.
She was full.
"Stop now," she said.
But the pot kept cooking.
The soup spilled out.

"Stop, stop!" the mom said.

The pot did not stop.

She carried the pot to the village.

She needed help.

"Help!" she shouted.

The soup now filled the street.

People came with buckets.

The girl also came.

She was shocked.

"Stop, pot, stop!" she shouted.

The pot stopped.

But there was a mess.

The soup was everywhere.
The girl did not know what to do.
Her mom felt sorry.

The villagers wanted to help.
They cleaned together.
The street was now clean.

Time passed.
The girl still used the pot.
She was always careful.

The pot made food for everyone.
No one was hungry.
Everyone was happy.

The girl and her mom lived well.
They had food and friends.
The magic pot was a good gift.
It brought joy to everyone.

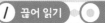
◆ The Magic Cooking Pot

There **once** / was a **girl**.

She and her **mom** / were **poor**.

They **liv**ed in the **woo**ds.

Their **house** / was **small**.

But they were **al**ways **hap**py.

One day, / they were **hun**gry.

They had **no food**.

The **girl** / **want**ed some **fruit**.

She **went** to the **fo**rest.

There was a **la**dy.

She **had** a **pot**.

The **pot look**ed **spe**cial.

"Hel**lo**, **young girl**," / said the **la**dy.

The **girl smi**led.

"Hel**lo**," / she said.

"**Here**, / **take** this. / It is a **gift** for you," / the **la**dy said.

She **ga**ve the **pot** / to the **girl**.

"It is a **ma**gic **pot**," / she said.

◆ 마법의 요리 냄비

옛날 옛날에 한 소녀가 있었습니다.
소녀와 소녀의 엄마는 가난했어요.
그들은 숲에서 살았습니다.
그들의 집은 작았습니다.
하지만 그들은 언제나 행복했어요.

어느 날, 그들은 배가 고팠습니다.
그들에게는 음식이 없었어요.
소녀는 과일이 먹고 싶었습니다.
소녀는 숲으로 갔어요.

숲에는 한 부인이 있었습니다.
부인은 냄비 하나를 가지고 있었습니다.
그 냄비는 특별해 보였어요.

"안녕, 꼬마 아가씨." 부인이 말했어요.
소녀는 미소를 지었습니다.
"안녕하세요." 소녀가 말했어요.
"여기, 이것을 가져가렴. 이것은 너를 위한 선물이야." 부인이 말했습니다.
부인은 냄비를 소녀에게 주었습니다.
"이것은 마법의 냄비란다." 부인이 말했어요.

"A **ma**gic **pot**?" **/** the **girl** asked.

The **la**dy **/ nod**ded and **smi**led.

"**Yes**," said the **la**dy. **/** "Say, '**Cook**, pot, **cook**.'

Then the **pot /** will make **food**.

Say, '**Stop**, pot, **stop**.'

Then the **pot /** will **stop**."

"**Cook**, pot, **cook**," **/** the **girl** said.

The **pot / start**ed to **bub**ble.

Soon, **/** it was **full** of **soup**.

The **girl** was **hun**gry.

She **want**ed to **eat** the **soup**.

"**Now**," **/** the **la**dy said. **/** "**Stop** the **pot**."

"**Stop**, pot, **stop**," **/** the **girl** said.

"**Good**. **/ Go** home **now**," **/** the **la**dy said.

"**Thank** you," **/** the **girl** said.

"Re**mem**ber the **spell**," **/** the **la**dy said.

The **girl / took** the **pot home**.

"마법의 냄비요?" 소녀가 물었습니다.

부인은 고개를 끄덕이며 미소를 지었어요.

"그래." 부인이 말했습니다. "'요리해, 냄비야, 요리해,' 라고 말해 봐.

그러면 냄비가 음식을 만들 거야.

그리고 '멈춰, 냄비야, 멈춰,' 라고 말해 보렴.

그러면 냄비가 멈출 거야."

"요리해, 냄비야, 요리해." 소녀가 말했습니다.

냄비가 끓기 시작했어요.

곧, 냄비는 수프로 가득 찼어요.

소녀는 배가 고팠습니다.

소녀는 수프를 먹고 싶었어요.

"지금이야." 부인이 말했습니다. "냄비를 멈추렴."

"멈춰, 냄비야, 멈춰." 소녀가 말했습니다.

"잘했어. 이제 집으로 가렴." 부인이 말했어요.

"고맙습니다." 소녀가 말했어요.

"주문을 기억하렴." 부인이 말했습니다.

소녀는 냄비를 집으로 가져갔습니다.

The **girl** / **quick**ly **ran** home.

She **show**ed the **pot** / to her **mom**.

"**Look**, **Mom**! / It is a **ma**gic pot!" / said the **girl**.

Her **mom** was sur**pri**sed.

"I will **show** you," / the **girl** said.

She **put** the pot **down**.

"**Cook**, pot, **cook**," / the **girl** said.

The **pot bub**bled.

There was some **soup**.

The **soup** / was **ver**y de**li**cious.

The **girl** and her **mom** / **ate hap**pily.

They **u**sed the **ma**gic **pot** / every **day**.

It **al**ways made **enough food** for them.

They were **no** longer / **hun**gry.

The **girl** / re**mem**bered the **spell**.

She **sha**red the **food** / with **o**thers.

Everyone in the **vil**lage / **ate** the **soup**.

The **ma**gic **pot** / **help**ed **e**veryone.

The **pot** / **ma**de the **girl hap**py.

It **ma**de her **mom hap**py, too.

소녀는 빠르게 집으로 달려갔습니다.
소녀는 냄비를 엄마에게 보여 주었어요.
"보세요, 엄마! 이것은 마법의 냄비예요!" 소녀가 말했습니다.
소녀의 엄마는 깜짝 놀랐어요.

"제가 엄마에게 보여 드릴게요." 소녀가 말했습니다.
소녀는 냄비를 내려놓았어요.
"요리해, 냄비야, 요리해." 소녀가 말했습니다.
냄비가 끓었어요.
수프가 만들어졌습니다.

그 수프는 아주 맛있었습니다.
소녀와 소녀의 엄마는 행복하게 수프를 먹었습니다.
그들은 마법의 냄비를 매일 사용했어요.
냄비는 항상 그들이 먹을 충분한 음식을 만들었습니다.
그들은 더 이상 배가 고프지 않았어요.

소녀는 주문을 기억했습니다.
소녀는 음식을 다른 사람들에게 나누어 주었어요.
마을에 있는 모든 사람들이 수프를 먹었어요.
마법의 냄비는 모두를 도왔습니다.
냄비는 소녀를 행복하게 했어요.
냄비는 소녀의 엄마도, 행복하게 했어요.

One day, **/** the **girl** went **out**.

Her **mom** was **home**.

She was a**lone** **/** with the **pot**.

She was **hun**gry.

She said, **/** "**Cook**, pot, **cook**."

The **pot bub**bled.

It **ma**de **soup**.

It **ma**de a **lot** of **soup**.

The **mom ate** the **soup**.

She was **full**.

"**Stop** now," **/** she said.

But the **pot** kept **cook**ing.

The **soup** **/** spilled **out**.

"**Stop**, **stop**!" **/** the **mom** said.

The pot did **not** **/** **stop**.

She carried the **pot** **/** to the village.

She needed **help**.

"**Help**!" **/** she shouted.

The **soup** **/** now **fill**ed the **street**.

People **/** **ca**me with **buc**kets.

어느 날, 소녀는 외출을 했습니다.
소녀의 엄마는 집에 있었어요.
그녀는 홀로 냄비와 함께 남았어요.
그녀는 배가 고팠습니다.
소녀의 엄마가 말했어요. "요리해, 냄비야, 요리해."
냄비가 끓었습니다.
냄비는 수프를 만들었어요.
냄비는 많은 수프를 만들었습니다.

엄마는 수프를 먹었습니다.
그녀는 배가 불렀어요.
"이제 멈춰." 엄마가 말했습니다.
하지만 냄비는 계속해서 수프를 만들었어요.
수프가 흘러넘쳤습니다.

"멈춰, 멈추란 말이야!" 엄마가 말했습니다.
냄비는 멈추지 않았어요.
엄마는 냄비를 들고 마을로 갔습니다.
그녀는 도움이 필요했어요.
"도와주세요!" 그녀가 소리쳤습니다.
수프는 이제 거리를 가득 채웠습니다.
사람들이 양동이를 들고 왔어요.

The **girl** also came.

She was **shock**ed.

"**Stop**, pot, **stop**!" / she **shout**ed.

The **pot stop**ped.

But there was a **mess**.

The **soup** / was **e**verywhere.

The **girl** did **not** / know **what** to do.

Her **mom felt sor**ry.

The **vil**lagers **want**ed to **help**.

They **clean**ed to**ge**ther.

The **street** was now **clean**.

Time passed.

The **girl still** used the **pot**.

She was **al**ways **ca**reful.

The **pot** made **food** / for **e**veryone.

No one / was **hun**gry.

Everyone was **hap**py.

The **girl** and her **mom** / lived **well**.

They had **food** / and **fri**ends.

The **ma**gic **pot** / was a **good gift**.

It brought **joy** / to **e**veryone.

소녀도 왔습니다.
그녀는 굉장히 당황했어요.
"멈춰, 냄비야, 멈춰!" 소녀가 소리쳤습니다.
냄비가 멈췄습니다.
하지만 상황은 엉망이었어요.

온 사방이 수프였어요.
소녀는 어떻게 해야 할지 몰랐어요.
엄마는 미안했습니다.

마을 사람들은 돕고 싶었어요.
그들은 함께 청소했어요.
거리는 이제 깨끗했습니다.

시간이 흘렀습니다.
소녀는 여전히 냄비를 사용했습니다.
소녀는 항상 주의를 기울였어요.

냄비는 모두를 위한 음식을 만들었습니다.
아무도 배가 고프지 않았습니다.
모두가 행복했어요.

소녀와 소녀의 엄마는 풍요롭게 지냈습니다.
그들에게는 먹을 것과 친구들이 있었습니다.
마법의 냄비는 좋은 선물이었어요.
냄비는 모두에게 기쁨을 선사했습니다.

Part 1 ◆ p.8~13

poor, small, happy

hungry, food, forest

lady, pot, magic

bubble, soup, spell

home, show, surprised

alone, cook, spill

fill, buckets, mess

use, careful, joy

Summary

shared   mess   spell   received   spilled

A girl _____ a magic pot from a lady in the forest. The
pot could make delicious soup with a special _____. The
girl and her mom used the pot to make soup at home. One day, the
pot made too much soup. The soup _____ everywhere.
Everyone in the village helped clean up the _____. The girl
_____ soup with the villagers. Everyone was happy.

Memo

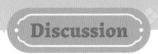

1 ◆ **If you had a magic pot, what would you ask? What would you want to do with it?**

여러분에게 마법의 냄비가 있다면 무엇을 요구할 건가요? 그것으로 무엇을 하고 싶나요?

2 ◆ **When the cooking pot overflowed with so much soup, it made a big mess in the village. This showed us that too much of a good thing can turn into a big problem. Have you ever experienced a situation where having too much of something good became problematic?**

요리 냄비에 수프가 너무 많아서 흘러넘치면서, 온 마을이 엉망이 되었어요. 이렇듯 아무리 좋은 것도 지나치게 많으면 커다란 문제가 되기도 해요. 여러분은 좋은 것을 너무 많이 가져서 오히려 문제가 되었던 경험이 있나요?

낭독하는 명작동화 Level 1
The Magic Cooking Pot

초판 1쇄 발행 2024년 8월 1일

지은이 새벽달(남수진) 이현석 롱테일 교육 연구소
책임편집 강지희 **| 편집** 명채린 홍하늘
디자인 박새롬 **| 그림** 전지은
마케팅 두잉글 사업본부

펴낸이 이수영
펴낸곳 롱테일북스
출판등록 제2015-000191호
주소 04033 서울특별시 마포구 양화로 113, 3층(서교동, 순흥빌딩)
전자메일 team@ltinc.net
롱테일북스는 롱테일㈜의 출판 브랜드입니다.

ISBN 979-11-93992-10-4 14740

The Magic
Cooking Pot

2

새벽달 X 이현석 낭독스쿨

The Magic
Cooking Pot

1

새벽달 X 이현석 낭독스쿨

The Magic
Cooking Pot

4

새벽달 X 이현석 낭독스쿨

The Magic
Cooking Pot

3

새벽달 X 이현석 낭독스쿨

The Magic
Cooking Pot

6

새벽달 X 이현석 낭독스쿨

The Magic
Cooking Pot

5

새벽달 X 이현석 낭독스쿨

The Magic
Cooking Pot

8

새벽달 X 이현석 낭독스쿨

The Magic
Cooking Pot

7

새벽달 X 이현석 낭독스쿨

The Magic
Cooking Pot

10

새벽달 X 이현석 낭독스쿨

The Magic
Cooking Pot

9

새벽달 X 이현석 낭독스쿨

The Magic
Cooking Pot

12

새벽달 X 이현석 낭독스쿨

The Magic
Cooking Pot

11

새벽달 X 이현석 낭독스쿨

The Magic
Cooking Pot

14

새벽달 X 이현석 낭독스쿨

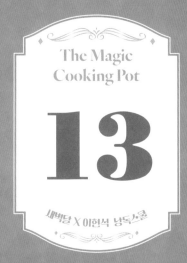

The Magic
Cooking Pot

13

새벽달 X 이현석 낭독스쿨

The Magic
Cooking Pot

16

새벽달 X 이현석 낭독스쿨

The Magic
Cooking Pot

15

새벽달 X 이현석 낭독스쿨